DE LA FORCE

COMME

MOYEN DE GOUVERNEMENT.

CHEZ LE MÊME LIBRAIRE.

LETTRES DE LOUIS LE DIEU sur les affaires étrangères depuis juillet 1830. Brochure in-8°. Prix : 1 fr. 50 c.

DUMOURIEZ ET LA RÉVOLUTION FRANÇAISE, par Louis Le dieu. Un vol. in-8°.   Prix : 6 fr.

LETTRE A M. DE CHATEAUBRIAND en réponse à sa brochure intitulée : *De la nouvelle proposition relative au bannissement de Charles X et de sa famille etc.* Par M. A. de Briqueville, député de la Manche, auteur de la proposition. Brochure in 8°.   Prix : 1 fr. 50 c.

DE LA RÉVOLUTION A FAIRE d'après l'expérience des révolutions avortées, par de Potter. belge.

BIOGRAPHIE POLITIQUE DES DÉPUTÉS. Session de 1831. Un vol. in-8°.   Prix : 5 fr.

IMPRIMERIE DE AUGUSTE MIE,
RUE JOQUELET, N. 9.

DE LA FORCE

COMME

MOYEN DE GOUVERNEMENT,

PAR HERCULE DE ROCHE,

Discite justitiam moniti.
VIRG

PRIX : 75 CENTIMES.

PARIS,

CHARPENTIER, LIBRAIRE-ÉDITEUR,

(ANCIENNE LIBRAIRIE DE LADVOCAT.)

PALAIS-ROYAL.

JUILLET 1832.

PRÉFACE.

Depuis les funestes journées des 5 et 6 juin, je n'ai rien publié, et mes amis m'en ont fait un reproche. J'ai repondu : ce n'est pas ma faute. Comme *Le Dieu*, mon ami, j'ai senti, j'ai écrit ; mais moins heuréux que lui, on n'a pas voulu imprimer.

Aujourd'hui, malgré la levée de l'état de siège, le danger n'est pas moins grand, quoiqu'on en pense généralement, et je prends la parole.

Une idée me préoccupait depuis long-temps : je livre au public le fruit de mes méditations. Que l'on me lise bien, le pouvoir y trouvera sa leçon, les amis du pays des espérances, et les autres.... que m'importe ?

Ecrivain prime-sautier, comme dit mon maître, *Montaigne*, mes pensées n'ont pas le poli, l'enchaînement des hommes académiques ; mais elles ont mieux que cela: conscience et patrie s'y trouvent toujours ; cela vaut mieux que méthode et correction.

Nous sommes mal : nous allons, (je me trompe), on nous conduit au pire. Je veux avertir mes compatriotes : tout dépend d'eux, car puisqu'on veut de la force, eux seuls sont forts.. Qu'ils veuillent, et leur volonté sera faite.

HERCULE DE ROCHE.

DE LA FORCE

COMME

MOYEN DE GOUVERNEMENT.

Après 22 mois d'un système de gouvernement inqualifiable, au milieu de l'agitation de tous les esprits, du mouvement hostile de tous les sentimens, un malheur public, la mort de *Lamarque*, a été l'occasion d'un déplorable combat. Il est trop tôt pour dire qui a voulu, qui a commencé le combat : il ne pouvait profiter qu'à un parti, qu'aux hommes qui se sont emparés du gouvernement. Cette raison suffit pour les accuser.

Ils ont fait ce qu'ils ont voulu; ils ont trouvé dans ce qu'ils appellent une insurrection contre *l'ordre public*, *l'ordre légal*, une raison suffisante de violer tous les droits, de se mettre au dessus de toutes les lois, de saisir la dictature, disons mieux, d'exercer la tyrannie : et l'ordonnance du 7 juin en avait promulgué le code.

La Cour de cassation, où l'empire avait laissé quelques-uns de ses débris, où la Restauration jeta ses affidés et ses complices, où le nouveau régime a donné asile aux complaisans de toutes les époques, mais dans laquelle sont cependant arrivés quelques beaux caractères ; la Cour de cassation, trompant les espérances du pouvoir, quoique le procureur général eût manqué à ses devoirs en refusant de porter la parole ; la Cour de cassation, fermant les yeux et les oreilles aux intérêts des partis, se recueillant pour ne méditer que la loi, a flétri et condamné les mesures prises par le pouvoir comme des attentats contre l'ordre constitutionnel. Cet ordre constitutionnel n'avait pas été soumis à la sanction du peuple ; mais le peuple s'y était résigné. On abusa de sa résignation, la Cour suprême l'a vengé. — Cet arrêt est un fait glorieux pour la magistrature française. — Honneur au courage des juges intègres ! honneur à M. *Odillon-Barrot !*

Ne désespérons donc pas de l'avenir, la France se sauvera malgré les *coteries* et les *cotins*.. le triomphe de la liberté et de l'égalité des droits politiques est assuré.

Maintenant qui ne comprend qu'il faudrait revenir au point de départ ; reconnaître franchement la souveraineté du peuple, souveraineté qui semble être mise en question, ou plutot repoussée avec mépris par tous les actes ministériels, depuis août 1836.

Les assemblées primaires peuvent seules rendre stable ce qui est sans cesse contesté. Elles donneraient une chambre qui serait l'expression de la volonté générale, et alors, quoi qu'elle imposât, il faudrait s'y soumettre, car tout serait légal.

Jusqu'à présent, la violence et la corruption ont tout fait, tout commandé, et l'état de guerre civile dans lequel nous nous trouvons en est la triste preuve. Partout la *force* a été employée ; partout le sang a coulé. Rien de semblable ne serait arrivé si on n'avait pas trompé toutes les espérances, et si la *force* n'avait pas combattu le droit. C'est à coups de baïonnettes qu'on a répondu aux réclamations des patriotes ; c'est avec des moyens irritans que le ministère est parvenu à exciter les citoyens les uns contre les autres. Ce ministère, cruelle parodie de celui de Charles X, a trahi les intérêts de

Louis-Philippe en l'entraînant dans des mesures illégales. Pourquoi ce roi l'a-t-il choisi, et pourquoi le conserve-t-il? Au surplus, ceci est un fait personnel au prince. Il en demandera justice, si bon lui semble. La Cour d'*assises* est là : elle remplira ses devoirs comme la Cour de cassation a rempli le sien. Ce qui est plus grave, plus criminel, c'est que les droits du peuple ont été violés. C'est peut-être un bonheur pour l'avenir; mais n'importe, cet outrage fait à une grande nation demande vengeance.

Voilà où entraînent la violence et l'abus de la *force*. Ce sont toujours les armes des ministres faibles et incapables. — Repoussés par l'opinion générale, sans laquelle il est impossible de gouverner, ils sont obligés de recourir à des lois d'exception, et amènent ainsi les révolutions qui renversent les gouvernemens et ruinent les peuples. Ce système pourrait se concevoir si on était assuré de toujours disposer de la *force*..... La révolution est là pour prouver que la *force* a souvent tourné ses armes contre ceux qu'elle avait d'abord soutenus. Les gardes nationales appartiennent au pays; elles sont patriotes, et elles finissent toujours par comprendre que l'intérêt général doit passer avant tout. — Il ne s'agit pas ici de telle ou telle forme de gouverne-

ment, mais de sauver le pays. Les gardes nationales, facilement trompées, soutiennent
presque toujours, sans examen, l'ordre établi.
— Des citoyens, occupés de leurs affaires,
s'alarment aisément pour leurs intérêts, et il est
très facile à un gouvernement de profiter de
ces dispositions, d'exciter un mouvement, et
de l'attribuer à ceux qu'il appelle les ennemis de
l'ordre.

A l'appui de ce que j'avance, j'invoque l'histoire, les souvenirs des contémporains, tous les
journaux depuis quarante-trois ans. —

La garde nationale, depuis 1789, a successivement défendu tous les gouvernemens, et successivement les a tous abandonnés.

La garde nationale de Paris, pendant la révolution, fut le plus variable des baromètres. En
1790, 1791, elle se prit d'une grande admiration pour *Louis XVI*, et au 20 juin 1792 elle
lui laissa subir les plus violens outrages. Au 10
août de la même année, quelques-uns de ses
nombreux bataillons vinrent pour le défendre;
deux se retirèrent, et ce qui restait se réunit
aux Marseillais pour achever de renverser le
trône. — La plus grande partie de la garde nationale resta froidement spectatrice de ce combat. — Pendant les journées des 2 et 3 septem-

bre, elle fût immobile, et cette attitude encou-
ragea les assassins.... Au 21 janvier 1793, elle
conduisit à l'échafaud celui, qu'avec enthousiasme,
elle avait décoré du nom de *roi-citoyen*. — Soit
par crainte, soit par opinion, peu de gardes nationaux, ce jour-là, s'exemptèrent de revêtir
leur uniforme et d'assister à cette cérémonie.

La garde nationale soutint la Montagne contre
la Gironde et contre le fédéralisme. — Elle s'as-
socia à Robespierre, pour reconnaître avec lui
l'existence de l'*Être suprême* et *l'immortalité de
l'âme.* — *Elle rendit hommage à la déesse Raison;* mais, inconstante en matière religieuse
comme en matière politique, deux ans après
elle se prosternait au pied des autels du *Christ.*

Elle soutint les échafauds, parce que la ter-
reur et les échafauds étaient l'ordre public, l'ordre légal de ce temps là. — Si cette manière de
faire de la *force* ne lui avait pas convenu, elle
l'aurait fait cesser; les troupes de ligne, d'ail-
leurs peu nombreuses à Paris, ne s'y seraient
pas opposées. Aux jours de la réaction, elle se
réunit aux députés qui, couverts de sang tout
autant que Robespierre et Saint-Just, renver-
sèrent ces échafauds. Cette même garde nationale conduisit au supplice Robespierre et Saint-
Just qu'elle avait admirés. Plus tard, elle se rallia

autour des débris de la Gironde, pour renverser la Montagne qui menaçait encore.

Au 13 vendémiaire, changeant de conduite,
sous l'influence des royalistes, elle attaqua la
Convention : mal lui en arriva. Un *soldat* la
traita brutalement. Elle se soumit.

Au 18 brumaire, elle laissa commettre un
grand-attentat contre la liberté, et renverser la
représentation nationale. Le même soldat était
là. — La république disparut.

Depuis cette époque jusqu'en 1814, la garde
nationale fit peu parler d'elle. — Napoléon, alors
partant pour l'armée, lui confia sa femme, son
fils et la défense de Paris. Tous jurèrent de mou-
rir pour conserver ce dépôt précieux, et, peu de
jours après, deux ou trois mille seulement com-
battirent sous les murs de la capitale. Paris pris,
les rois de l'Europe firent arriver Louis XVIII
et sa triste famille. — La liberté, qu'on espérait
voir sortir des ruines de l'empire, fut comprimée
par un million de barbares. La garde nationale
se soumit à tout. — Napoléon revient de l'île
d'Elbe; nouveaux sermens de défendre les Bour-
bons. Il entre aux Tuileries, et le prince, aban-
donné par tous, s'enfuit à Gand. — La garde
nationale se soumet encore. Elle assiste au
Champ-de-Mai; ses acclamations dominent celles

de l'armée, et le héros, vaincu à Waterloo, ne trouve plus de gardes nationaux pour le défendre.

Louis XVIII reparaît : nouvelle soumission. — Cependant l'accueil que lui fit le peuple lui prouva que des baïonnettes étrangères sont un mauvais moyen pour affermir un trône. — Ce prince inspira de l'horreur par l'effusion du sang, et du mépris par sa fourberie.

A Louis XVIII, succéda Charles X, qui donna d'abord quelques espérances ; mais c'était un Bourbon. — Dans une revue qu'il passa au Champ-de-Mars, la garde nationale, *qui a des vœux à faire* et *surtout des avis à donner*, fit entendre de justes réclamations : elle fut licenciée de la manière la plus inconvenante, et ce furent encore des ministres qui provoquèrent cette mesure. — Elle s'en est souvenu au 26 juillet 1830. Quoiqu'elle eût conservé ses armes et ses uniformes, elle laissa faire le peuple, et ne se montra que le 29, pour appuyer un nouvel ordre public qu'elle pressentait devoir surgir du milieu du désordre.

En retraçant cette conduite de la garde nationale, depuis quarante-trois ans, mon but n'est pas de l'attaquer ; je veux montrer seulement, comme je l'ai dit plus haut, combien il est fa-

9

cile au pouvoir de l'égarer, et cela s'explique
naturellement. La garde nationale veut l'ordre,
la tranquillité ; on l'entraîne souvent loin, trop
loin, sous le prétexte de les maintenir ; mais
quand elle s'aperçoit que le gouvernement est
lui-même le plus grand obstacle à cet ordre et à
cette tranquillité, elle l'abandonne..... Elle fait
bien.... Que personne n'accuse donc la garde
nationale.

Aux 5 et 6 juin derniers, une partie de la
garde nationale de Paris, réunie aux troupes de
ligne, a vaincu des hommes égarés par des traîtres. Je dis des traîtres, parce que la police qui,
de toute manière, coûte si cher, ne *saura pas*
trouver l'homme qui portait le drapeau rouge.

C'est une triste et déplorable victoire que celle
qu'on remporte sur ses concitoyens. C'est du
sang français qui a coulé.... Il n'y a que des
larmes à répandre sur de pareils triomphes ; et
l'inexorable histoire expliquera tout autrement
les journées des 5 et 6 juin, que ne le font aujourd'hui certains personnages qui seraient dés-
espérés si on pouvait mettre la verité au grand
jour.

Dans cette occasion, la force a été employée :
un gouvernement a droit de se défendre. Mais
après la victoire sont arrivées les ordonnances

du 7 juin, suites inévitables du malheureux système qu'on a adopté.... On s'est défié du jury...
Les cours d'assises vont trop lentement.... Avec
des conseils de guerre, on peut tuer plus vite...
Nos *petits Barnaves* se sont dit : *Le sang français est-il donc si précieux qu'on ne puisse le
verser qu'avec des cours d'assises ?* — Il faut
faire de la force ! voilà le grand cheval de ba-
taille des ministres. — Malheureux, qui ne
voient pas que les mesures violentes révèlent
toujours la faiblesse de ceux qui les emploient.
Cette *force*, qu'ils appellent à chaque instant,
peut les abandonner au premier jour.

La volonté de la garde nationale de Paris (et je
ne sais si on a pris la peine de la consulter) est
sans doute très respectable ; mais elle ne saurait
diriger celle des départemens. Si, par des événe-
mens qu'on peut prévoir, elle se trouvait en op-
position avec la volonté générale de la France,
elle doit bien se persuader qu'elle ne la domine-
rait pas.

L'armée est patriote ; elle veut la liberté, l'é-
galité des droits politiques, parce que c'est avec la
liberté qu'elle s'est couverte de gloire, et que les
soldats sont devenus généraux, maréchaux, prin-
ces et rois.— Alors le mérite et la valeur trou-
vaient toujours leur récompense.—Cette armée,

on ne saurait l'empêcher de penser, de discuter, de lire et de comprendre que, quand la constitution est violée, il n'y a plus de pouvoir légal, que chaque citoyen alors a le droit de se faire rendre compte, et de prendre les armes pour sa défense personnelle. — La *force* n'est qu'aux ordres des lois, et elle doit cesser d'obéir quand on les enfreint.

Les gardes nationales et l'armée abandonnèrent Louis XVI, parce que Louis XVI avait trahi ses sermens. — La Nation débarrassée de ce prince fut victorieuse de ses ennemis. — C'est ainsi que se vengent les peuples, cette vengeance, en 1830, ne fut pas sans clémence, et peut-être, sans cette clémence, qui a excité mon admiration, et celle de toute l'Europe éclairée et généreuse, n'aurions-nous pas eu à souffrir ce que nous souffrons ! Les hommes qui en ont profité ont trouvé de dignes remplaçans, aujourd'hui, nous sommes témoins et victimes d'une inconcevable émulation. En présence de ce qu'on fait, nous ne savons si nous nous trompons sur l'intention. —

Serait-ce qu'on aurait voulu essayer de prouver que Charles X n'a eu qu'un tort, celui de n'avoir pas été le plus fort.... Qu'on le dise franchement.... La garde royale, du moins une partie, s'est battue à contre-cœur; elle n'a pas em-

ployé tous ses moyens d'attaque et de défense,
parce qu'elle sympathisait avec le peuple. Les
troupes de ligne, alors à Paris, firent de même,
et elles laissèrent mettre hors la loi celui qui
avait violé la Charte. L'armée, essentiellement
nationale, sacrifiera toujours l'intérêt d'un seul
homme aux intérêts de tous.... Faites donc de la
force! qu'est-ce donc que d'avoir la *force* à ses
ordres, un jour, un mois, un an ?

Un gouvernement n'est fort qu'avec des lois
consenties, approuvées par la nation légalement
représentée. La *force* est dans la liberté, et le
ministère et tous ses adhérents ont prouvé qu'ils
étaient ses plus grands ennemis.

Le rapport fait au roi par le ministre de l'in-
térieur semble regretter que l'arrêt de la cour de
cassation l'ait forcé de lever l'état de siége, et de
faire cesser les conseils de guerre; car personne
n'est dupe de la première phrase qui annonce
que le ministère n'attendait que cet arrêt pour
rétablir l'ordre public. Il suffit que le ministère le dise pour qu'on ne le croie pas.
Le neuvième paragraphe de ce rapport dit :
*Que le gouvernement aura à examiner s'il y a
lieu de demander à la législature les moyens de
répression qui peuvent lui manquer pour protéger la liberté,* etc., etc... Quelle amère dérision

que ces deux derniers mots : *protéger la liberté !*
Des ministres de cette espèce *protéger la liberté!*
Que veut-on demander? sans doute de la *force*,
c'est-à-dire plus de facilité pour tuer!... Quels
progrès dans la politique de ces hommes qui, en
novembre 1830, demandaient la suppression de
la peine de mort! Cela se conçoit : alors il s'a-
gissait de sauver *des ministres!* On comprend ce
que vaut un *ministre!* C'est un *personnage sacré*;
pas de lois contre leurs méfaits. Quant aux sim-
ples citoyens; point de quartier! De même que
vous, *Robespierre* avait demandé la suppression
de la peine de mort. Peut-être avez-vous la même
pensée. Sa *philanthropie* servirait-elle de mo-
dèle? Vous savez comme il est mort.

. Il faut que ces hommes nous croient bien
aveugles, ou qu'ils le soient bien eux-mêmes,
pour penser qu'ils peuvent nous abuser, sous le
prétexte de l'ordre public. L'ordre public n'exis-
tera jamais en France tant que des individus de
cette espèce seront chargés de gouverner. Est-
ce que les lois actuelles ne suffisent pas pour
protéger le pouvoir? Aux capacités mesquines,
il appartient d'employer la *force* continuellement
et la violence. Je le leur prédis, la violence tue.

Il y a, disent-ils, des troubles, des émeutes
partout; qu'est-ce que que cela veut dire, si ce

n'est qu'on ne veut pas être gouverné comme vous gouvernez.... On veut les institutions commandées par la révolution de juillet ; et si, comme on l'a dit très sottement, on n'avait alors voulu que la Charte, on aurait gardé Henri V. . . .

C'est une révolution complète qu'on avait voulu faire, et non une révolution de palais. — La volonté d'une *partie* de la ville de Paris, jointe à celle de quelques doctrinaires qui ont sourdement conspiré pendant dix ans, n'est pas celle de toute la France, et la réception faite à *M. le duc d'Orléans*, dans le Midi, en dit plus que je ne le pourrais faire.

Il faut espérer que MM. les députés, sentant vivement tout ce qu'ont eu d'illégal et de violent les ordonnances du 7 juin, mettront en *accusation* un ministère aussi *coupable*. Encore quelques mesures de cette nature et ils auraient fini par forcer les départemens à se séparer de la capitale, car il eut été impossible de vivre sous un pareil régime.

C'est une vérité généralement reconnue par tous les publicistes que, lorsqu'un gouvernement est souvent attaqué à force ouverte, ce sont ses actes qui provoquent ces attaques. Si la nation avait ce qu'elle désire, elle serait tranquille. Voilà ce que le pouvoir devrait comprendre. S'il s'obstine à suivre la marche qu'il a adoptée, il y trouvera sa ruine ; mais le pays ne sera pas entraîné dans sa chute. Là où les gouvernemens succombent, la nation devient plus puissante, car elle vit de leur mort. Telle fut la France après Louis XVI.

Un gouvernement qui ne compte que sur la *force* pour se faire obéir, n'inspire aucune confiance. Son existence est sans cesse menacée : il a tout à craindre, et ordinairement il finit par une catastrophe. A Constantinople, les sultans finissent presque toujours par une mort violente : ce sont les soldats qui se chargent de venger le peuple musulman. La force qui a commencé par soutenir le tyran, étrangle le descendant de *Mohammed*. Ses visirs ne sont pas plus épargnés.

Il n'est plus possible de gouverner la France qu'en consultant et en adoptant l'opinion de la majorité. Elle est loin d'être en faveur du ministère actuel, et des ministres qui l'ont précédés. A l'exception de *M. Dupont de l'Eure* et de *M. Laffitte*, aucun n'a pris à cœur les intérêts du peuple. — Tous ont eu un autre but, une autre pensée. — Ils ont repoussé 1789 et 1830, oubliant même que plusieurs d'entre eux avaient conspiré avec les patriotes contre la dynastie déchue ! ils les ont méprisés, persécutés avec acharnement. Les patriotes indignés se sont émus ; *ils ont été jusqu'à la colère : c'est un malheur !* mais au moins chez eux, il y a courage et générosité.... Après les journées de juillet, ils n'abusèrent pas de la victoire.... Ils eussent été heureux si leur sang répandu avait amélioré le sort du pays. Mais ce sang n'a profité qu'à des hommes dont la lâcheté seule égale la cupidité. Ce n'est pas avec des doctrinaires qu'on peut consolider un gouvernement et s'occuper du bonheur du peuple. Il y a en eux un génie malfaisant qui porte malheur à tout ce qu'ils approchent. Ils ont empoisonné l'atmosphère politique de la France, et ce n'est qu'en les chassant honteusement que nous pourrons respirer un air plus pur. Il n'y a qu'un cri contre cette détestable secte... Débarrassé d'elle, on pourrait réparer ses fautes, améliorer le présent, et s'assurer un heureux avenir. — Si on persiste à les conserver, on doit s'attendre à toutes les calamités, et *jamais*, je le dis dans la vérité de mon cœur, *jamais* on n'obtiendra trois mois de tranquillité. Toutes les existences sociales et politiques seront continuellement en danger. — Leur présence a mis la·liberté en deuil, et la liberté qui se voile est menaçante ! Au 26 juillet 1830, elle se couvrit d'un crêpe, et le 29 juillet, parée de sa robe virginale, elle brisa un trône.....

Hercule de Roche.